AF193505

RERUM NOVARUM

León PP. XIII

Rerum novarum

Sobre la situación de los obreros

SAN PABLO

2.ª edición

© SAN PABLO 2025
   Protasio Gómez, 11-15. 28027 Madrid
   Tel. 917 425 113
   E-mail: secretaria.edit@sanpablo.es - www.sanpablo.es
© Dicasterio para la Comunicación - Librería Editrice Vaticana

Distribución: SAN PABLO. División Comercial
Resina, 1. 28021 Madrid
Tel. 917 987 375
ventas@sanpablo.es
ISBN: 978-84-285-7382-5
Depósito legal: M.12.135-2025
Impreso en Artes Gráficas Gar.Vi. 28970 Humanes (Madrid)
Printed in Spain. Impreso en España

Introducción del Editor

El 15 de mayo de 1891 se publicó la encíclica *Rerum novarum (De las cosas nuevas),* con la que el papa León XIII afrontó, por primera vez en la Iglesia, las cuestiones sociales, abriendo paso a la llamada «doctrina social de la Iglesia».

El mundo católico se encontraba dividido ante la nueva realidad del capitalismo que irrumpía cada vez con más fuerza en la sociedad. Unos defendían el progreso, el comercio; otros abogaban por una vuelta a las estructuras medievales; otros proponían un acercamiento al socialismo para mitigar el ateísmo marxista. Como solución mediadora, el papa León XIII promulgó la encíclica *Rerum novarum,* en la que advierte a la clase trabajadora que la solución a sus problemas no es la revolución, y a los patrones que no deben tratar a los obreros como esclavos; la solución será el diálogo que producirá acuerdos y colaboración, y no la lucha de clases. Según el papa León XIII, el socialismo es un falso remedio y es inaceptable para los trabajadores. La cuestión social debe ser afrontada conjuntamente por la Iglesia, el Estado, los empleados y los que dan empleo. Los trabajadores cristianos son invitados a constituir asociaciones propias, antes que adherirse a organizaciones contrarias al espíritu cristiano y al bien público.

A partir de León XIII, varios papas quisieron retomar y actualizar las ideas fundamentales de la *Rerum novarum:* Pío XI con la *Quadragesimo anno,* Juan XXIII con la *Mater et magistra,* Pablo VI con la *Populorum progressio,* y, sobre todo, Juan Pablo II, que quiso recordar los cien años de la publicación de la *Rerum novarum* con otra encíclica: *Centesimus annus,* que actualizaba la doctrina social de la Iglesia a la luz de los nuevos cambios económicos, con la caída del comunismo y el nuevo clima de la globalización.

La elección del nombre del nuevo Papa, León XIV, que evoca la preocupación de la Iglesia por la cuestión social de su antecesor León XIII, como él mismo ha afirmado, actualiza también el tema en nuestra sociedad, ciertamente muy cambiada, pero cuyos problemas fundamentales, y las soluciones que deben darse, siguen siendo los mismos, aunque actualizados, según la mentalidad y las condiciones de nuestro tiempo.

Estas ideas son las que nos mueven a publicar nuevamente la encíclica *Rerum novarum*, que constata el rápido desarrollo industrial y tecnológico, la transformación de las relaciones entre patrones y trabajadores, la extrema concentración de la riqueza en manos de unos pocos y la creciente pobreza de las masas, la concienciación colectiva de los trabajadores y el deterioro moral de algunos ambientes. Todos temas de rabiosa actualidad en nuestro tiempo.

Ante la inestabilidad social y las graves injusticias sociales, siempre vigentes, la Iglesia sigue preocupada. Durante una reunión con el Colegio Cardenalicio, el actual sumo pontífice León XIV afirmó: «Hoy la Iglesia ofrece a todos su patrimonio de doctrina social para responder a otra revolución industrial y a los desarrollos de la inteligencia artificial, que comportan nuevos desafíos en la defensa de la dignidad humana, de la justicia y el trabajo». En la *Rerum novarum,* León XIII también recalcó el deber de ocuparse con urgencia de las condiciones de los trabajadores, con frecuencia reducidos a una situación indigna e inhumana.

En este contexto, la Iglesia no está llamada a solucionar los problemas sociales, pero con su magisterio ofrece principios morales y religiosos que lleven a una reforma social que restablezca la justicia y promueva la dignidad del trabajo humano. Es lo que se propone la *Rerum novarum,* ya que «si hay que curar a la sociedad humana, solo será posible mediante el retorno a la vida y a las costumbres cristianas» (n. 21).

EL EDITOR
Madrid, 15 de mayo de 2025

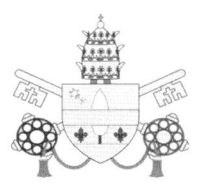

CARTA ENCÍCLICA
RERUM NOVARUM
DEL SUMO PONTÍFICE
LEÓN XIII
SOBRE LA SITUACIÓN
DE LOS OBREROS

1. Despertado el prurito revolucionario que desde hace ya tiempo agita a los pueblos, era de esperar que el afán de cambiarlo todo llegara un día a derramarse desde el campo de la política al terreno, con él colindante, de la economía. En efecto, los adelantos de la industria y de las artes, que caminan por nuevos derroteros; el cambio operado en las relaciones mutuas entre patronos y obreros; la acumulación de las riquezas en manos de unos pocos y la pobreza de la inmensa mayoría; la mayor confianza de los obreros en sí mismos y la más estrecha cohesión entre ellos, juntamente con la relajación de la moral, han determinado el planteamiento de la contienda. Cuál y cuán grande sea la importancia de las cosas que van en ello, se ve por la punzante ansiedad en que viven todos los espíritus; esto mismo pone en actividad los ingenios de los doctos, informa

las reuniones de los sabios, las asambleas del pueblo, el juicio de los legisladores, las decisiones de los gobernantes, hasta el punto de que parece no haber otro tema que pueda ocupar más hondamente los anhelos de los hombres.

Así, pues, debiendo Nos velar por la causa de la Iglesia y por la salvación común, creemos oportuno, venerables hermanos, y por las mismas razones, hacer, respecto de la situación de los obreros, lo que hemos acostumbrado, dirigiéndoos cartas sobre el poder político, sobre la libertad humana, sobre la cristiana constitución de los Estados y otras parecidas, que estimamos oportunas para refutar los sofismas de algunas opiniones. Este tema ha sido tratado por Nos incidentalmente ya más de una vez; mas la conciencia de nuestro oficio apostólico nos incita a tratar de intento en esta encíclica la cuestión por entero, a fin de que resplandezcan los principios con que poder dirimir la contienda conforme lo piden la verdad y la justicia. El asunto es difícil de tratar y no exento de peligros. Es difícil realmente determinar los derechos y deberes dentro de los cuales hayan de mantenerse los ricos y los proletarios, los que aportan el capital y los que ponen el trabajo. Es discusión peligrosa, porque de ella se sirven con frecuencia hombres turbulentos y astutos para torcer el juicio de la verdad y para incitar sediciosamente a las turbas. Sea de ello, sin embargo, lo que quiera, vemos claramente, cosa en que todos convienen, que es urgente proveer de la manera oportuna al bien de las gentes de condición humilde, pues es mayoría la que se debate indecorosamente en una situación miserable y calamitosa, ya que, disueltos en el pasado siglo los antiguos gremios de artesanos, sin ningún apoyo que viniera a llenar su vacío, desentendiéndose las instituciones públicas y las leyes de la religión de nuestros antepasados, el tiempo fue insensiblemente entregando a los obreros, aislados e indefensos, a la inhumanidad de los empresarios y a la desenfrenada codicia de los competidores. Hizo aumentar el mal la voraz usura, que, reiteradamente condenada por la autoridad de la Iglesia, es practicada, no obstante, por hombres codiciosos y avaros bajo una apariencia distinta. Añádase a esto que no solo la contratación del trabajo, sino también las relaciones comerciales de toda índole, se hallan sometidas al poder de unos pocos, hasta el punto de que un número sumamente reducido de opulentos y adinerados ha impuesto poco menos que el yugo de la esclavitud a una muchedumbre infinita de proletarios.

2. Para solucionar este mal, los socialistas, atizando el odio de los indigentes contra los ricos, tratan de acabar con la propiedad privada de los bienes, estimando mejor que, en su lugar, todos los bienes sean comunes y administrados por las personas que rigen el municipio o gobiernan la nación. Creen que con este traslado de los bienes de los particulares a la comunidad, distribuyendo por igual las riquezas y el bienestar entre todos los ciudadanos, se podría curar el mal presente. Pero esta medida es tan inadecuada para resolver la contienda, que incluso llega a perjudicar a las propias clases obreras; y es, además, sumamente injusta, pues ejerce violencia contra los legítimos poseedores, altera la misión de la república y agita fundamentalmente a las naciones.

3. Sin duda alguna, como es fácil de ver, la razón misma del trabajo que aportan los que se ocupan en algún oficio lucrativo y el fin primordial que busca el obrero es procurarse algo para sí y poseer con propio derecho una cosa como suya. Si, por consiguiente, presta

sus fuerzas o su habilidad a otro, lo hará por esta razón: para conseguir lo necesario para la comida y el vestido; y por ello, merced al trabajo aportado, adquiere un verdadero y perfecto derecho no solo a exigir el salario, sino también para emplearlo a su gusto. Luego si, reduciendo sus gastos, ahorra algo e invierte el fruto de sus ahorros en una finca, con lo que puede asegurarse más su manutención, esta finca realmente no es otra cosa que el mismo salario revestido de otra apariencia, y de ahí que la finca adquirida por el obrero de esta forma debe ser tan de su dominio como el salario ganado con su trabajo. Ahora bien: es en esto precisamente en lo que consiste, como fácilmente se colige, la propiedad de las cosas, tanto muebles como inmuebles. Luego los socialistas empeoran la situación de los obreros todos, en cuanto tratan de transferir los bienes de los particulares a la comunidad, puesto que, privándolos de la libertad de colocar sus beneficios, con ello mismo los despojan de la esperanza y de la facultad de aumentar los bienes familiares y de procurarse utilidades.

4.   Pero, lo que todavía es más grave, proponen un remedio en pugna abierta contra la

justicia, en cuanto que el poseer algo en privado como propio es un derecho dado al hombre por la naturaleza. En efecto, también en esto es grande la diferencia entre el hombre y el género animal. Las bestias, indudablemente, no se gobiernan a sí mismas, sino que lo son por un doble instinto natural, que ya mantiene en ellas despierta la facultad de obrar y desarrolla sus fuerzas oportunamente, ya provoca y determina, a su vez, cada uno de sus movimientos. Uno de esos instintos las impulsa a la conservación de sí mismas y a la defensa de su propia vida; el otro, a la conservación de la especie. Ambas cosas se consiguen, sin embargo, fácilmente con el uso de las cosas al alcance inmediato, y no podrían ciertamente ir más allá, puesto que son movidas solo por el sentido y por la percepción de las cosas singulares. Muy otra es, en cambio, la naturaleza del hombre. Comprende simultáneamente la fuerza toda y perfecta de la naturaleza animal, siéndole concedido por esta parte, y desde luego en no menor grado que al resto de los animales, el disfrute de los bienes de las cosas corporales. La naturaleza animal, sin embargo, por elevada que sea la medida en que se la posea, dista tanto de contener y abarcar en sí la naturaleza humana, que es muy inferior a ella y nacida para servirle y obedecerle. Lo que se acusa y sobresale en nosotros, lo que da al hombre el que lo sea y se distinga de las bestias, es la razón o inteligencia. Y por esta causa de que es el único animal dotado de razón, es de necesidad conceder al hombre no solo el uso de los bienes, cosa común a todos los animales, sino también el poseerlos con derecho estable y permanente, y tanto los bienes que se consumen con el uso cuanto los que, pese al uso que se hace de ellos, perduran.

5. Esto resalta todavía más claro cuando se estudia en sí misma la naturaleza del hombre. Pues el hombre, abarcando con su razón cosas innumerables, enlazando y relacionando las cosas futuras con las presentes y siendo dueño de sus actos, se gobierna a sí mismo con la previsión de su inteligencia, sometido además a la ley eterna y bajo el poder de Dios; por lo cual tiene en su mano elegir las cosas que estime más convenientes para su bienestar, no solo en cuanto al presente, sino también para el futuro. De donde se sigue la necesidad de que se halle en el hombre el dominio no solo de los frutos terrenales, sino también el de la tierra

misma, pues ve que de la fecundidad de la tierra le son proporcionadas las cosas necesarias para el futuro.

Las necesidades de cada hombre se repiten de una manera constante; de modo que, satisfechas hoy, exigen nuevas cosas para mañana. Por tanto, la naturaleza tiene que haber dotado al hombre de algo estable y perpetuamente duradero, de que pueda esperar la continuidad del socorro. Ahora bien: esta continuidad no puede garantizarla más que la tierra con su fertilidad.

6. Y no hay por qué inmiscuir la providencia de la república, pues que el hombre es anterior a ella, y consiguientemente debió tener por naturaleza, antes de que se constituyera comunidad política alguna, el derecho de velar por su vida y por su cuerpo. El que Dios haya dado la tierra para usufructuarla y disfrutarla a la totalidad del género humano no puede oponerse en modo alguno a la propiedad privada. Pues se dice que Dios dio la tierra en común al género humano no porque quisiera que su posesión fuera indivisa para todos, sino porque no asignó a nadie la parte que habría de poseer, dejando la delimitación de las pose-

siones privadas a la industria de los individuos y a las instituciones de los pueblos. Por lo demás, a pesar de que se halle repartida entre los particulares, no deja por ello de servir a la común utilidad de todos, ya que no hay mortal alguno que no se alimente con lo que los campos producen. Los que carecen de propiedad, lo suplen con el trabajo; de modo que cabe afirmar con verdad que el medio universal de procurarse la comida y el vestido está en el trabajo, el cual, rendido en el fundo propio o en un oficio mecánico, recibe, finalmente, como merced no otra cosa que los múltiples frutos de la tierra o algo que se cambia por ellos.

7. Con lo que de nuevo viene a demostrarse que las posesiones privadas son conforme a la naturaleza. Pues la tierra produce con largueza las cosas que se precisan para la conservación de la vida y aun para su perfeccionamiento, pero no podría producirlas por sí sola sin el cultivo y el cuidado del hombre. Ahora bien: cuando el hombre aplica su habilidad intelectual y sus fuerzas corporales a procurarse los bienes de la naturaleza, por este mismo hecho se adjudica a sí aquella parte de la naturaleza corpórea que él mismo cultivó, en la que su

persona dejó impresa una a modo de huella, de modo que sea absolutamente justo que use de esa parte como suya y que de ningún modo sea lícito que venga nadie a violar ese derecho de él mismo.

8. Es tan clara la fuerza de estos argumentos, que sorprende ver disentir de ellos a algunos restauradores de desusadas opiniones, los cuales conceden, es cierto, el uso del suelo y los diversos productos del campo al individuo, pero le niegan de plano la existencia del derecho a poseer como dueño el suelo sobre el que ha edificado o el campo que cultivó. No ven que, al negar esto, el hombre se vería privado de cosas producidas con su trabajo. En efecto, el campo cultivado por la mano e industria del agricultor cambia por completo su fisonomía: de silvestre, se hace fructífero; de infecundo, feraz. Ahora bien: todas esas obras de mejora se adhieren de tal manera y se funden con el suelo, que, por lo general, no hay modo de separarlas del mismo. ¿Y va a admitir la justicia que venga nadie a apropiarse de lo que otro regó con sus sudores? Igual que los efectos siguen a la causa que los produce, es justo que el fruto del trabajo sea de aquellos que pusie-

ron el trabajo. Con razón, por consiguiente, la totalidad del género humano, sin preocuparse en absoluto de las opiniones de unos pocos en desacuerdo, con la mirada firme en la naturaleza, encontró en la ley de la misma naturaleza el fundamento de la división de los bienes y consagró, con la práctica de los siglos, la propiedad privada como la más conforme con la naturaleza del hombre y con la pacífica y tranquila convivencia. Y las leyes civiles, que, cuando son justas, deducen su vigor de esa misma ley natural, confirman y amparan incluso con la fuerza este derecho de que hablamos. Y lo mismo sancionó la autoridad de las leyes divinas, que prohíben gravísimamente hasta el deseo de lo ajeno: «No desearás la mujer de tu prójimo; ni la casa, ni el campo, ni la esclava, ni el buey, ni el asno, ni nada de lo que es suyo»[1].

9. Ahora bien: esos derechos de los individuos se estima que tienen más fuerza cuando se hallan ligados y relacionados con los deberes del hombre en la sociedad doméstica. Está fuera de duda que, en la elección del género de vida, está en la mano y en la voluntad de

_____
[1] Dt 5,21.

cada cual preferir uno de estos dos: o seguir el consejo de Jesucristo sobre la virginidad o ligarse con el vínculo matrimonial. No hay ley humana que pueda quitar al hombre el derecho natural y primario de casarse, ni limitar, de cualquier modo que sea, la finalidad principal del matrimonio, instituido en el principio por la autoridad de Dios: «Creced y multiplicaos»[2].

He aquí, pues, la familia o sociedad doméstica, bien pequeña, es cierto, pero verdadera sociedad y más antigua que cualquiera otra, la cual es de absoluta necesidad que tenga unos derechos y unos deberes propios, totalmente independientes de la potestad civil. Por tanto, es necesario que ese derecho de dominio atribuido por la naturaleza a cada persona, según hemos demostrado, sea transferido al hombre en cuanto cabeza de la familia; más aún, ese derecho es tanto más firme cuanto la persona abarca más en la sociedad doméstica.

Es ley santísima de naturaleza que el padre de familia provea al sustento y a todas las atenciones de los que engendró; e igualmente se deduce de la misma naturaleza que quiera adquirir y disponer para sus hijos, que

---

[2] Gén 1,28.

se refieren y en cierto modo prolongan la personalidad del padre, algo con que puedan defenderse honestamente, en el mudable curso de la vida, de los embates de la adversa fortuna. Y esto es lo que no puede lograrse sino mediante la posesión de cosas productivas, transmisibles por herencia a los hijos. Al igual que el Estado, según hemos dicho, la familia es una verdadera sociedad, que se rige por una potestad propia, esto es, la paterna. Por lo cual, guardados efectivamente los límites que su causa próxima ha determinado, tiene ciertamente la familia derechos por lo menos iguales que la sociedad civil para elegir y aplicar los medios necesarios en orden a su incolumidad y justa libertad. Y hemos dicho «por lo menos» iguales, porque, siendo la familia lógica y realmente anterior a la sociedad civil, se sigue que sus derechos y deberes son también anteriores y más naturales. Pues si los ciudadanos, si las familias, hechos partícipes de la convivencia y sociedad humanas, encontraran en los poderes públicos perjuicio en vez de ayuda, un cercenamiento de sus derechos más bien que una tutela de los mismos, la sociedad sería, más que deseable, digna de repulsa.

10. Querer, por consiguiente, que la potestad civil penetre a su arbitrio hasta la intimidad de los hogares es un error grave y pernicioso. Cierto es que, si una familia se encontrara eventualmente en una situación de extrema angustia y carente en absoluto de medios para salir de por sí de tal agobio, es justo que los poderes públicos la socorran con medios extraordinarios, porque cada familia es una parte de la sociedad. Cierto también que, si dentro del hogar se produjera una alteración grave de los derechos mutuos, la potestad civil deberá amparar el derecho de cada uno; esto no sería apropiarse los derechos de los ciudadanos, sino protegerlos y afianzarlos con una justa y debida tutela. Pero es necesario de todo punto que los gobernantes se detengan ahí; la naturaleza no tolera que se exceda de estos límites. Es tal la patria potestad, que no puede ser ni extinguida ni absorbida por el poder público, pues que tiene idéntico y común principio con la vida misma de los hombres. Los hijos son algo del padre y como una cierta ampliación de la persona paterna, y, si hemos de hablar con propiedad, no entran a formar parte de la sociedad civil sino a través de la comunidad doméstica en la que han nacido. Y por esta misma razón, porque

los hijos son «naturalmente algo del padre..., antes de que tengan el uso del libre albedrío se hallan bajo la protección de dos padres»[3]. De ahí que cuando los socialistas, pretiriendo en absoluto la providencia de los padres, hacen intervenir a los poderes públicos, obran contra la justicia natural y destruyen la organización familiar.

11. Pero, además de la injusticia, se deja ver con demasiada claridad cuál sería la perturbación y el trastorno de todos los órdenes, cuán dura y odiosa la opresión de los ciudadanos que habría de seguirse. Se abriría de par en par la puerta a las mutuas envidias, a la maledicencia y a las discordias; quitado el estímulo al ingenio y a la habilidad de los individuos, necesariamente vendrían a secarse las mismas fuentes de las riquezas, y esa igualdad con que sueñan no sería ciertamente otra cosa que una general situación, por igual miserable y abyecta, de todos los hombres sin excepción alguna. De todo lo cual se sigue claramente que debe rechazarse de plano esa fantasía del socialismo de reducir a común la propiedad privada, pues

---

[3] Santo Tomás de Aquino, *Suma de Teología*, II-II q. 10 a. 12.

que daña a esos mismos a quienes se pretende socorrer, repugna a los derechos naturales de los individuos y perturba las funciones del Estado y la tranquilidad común. Por lo tanto, cuando se plantea el problema de mejorar la condición de las clases inferiores, se ha de tener como fundamental el principio de que la propiedad privada ha de conservarse inviolable. Sentado lo cual, explicaremos dónde debe buscarse el remedio que conviene.

12. Confiadamente y con pleno derecho nuestro, atacamos la cuestión, por cuanto se trata de un problema cuya solución aceptable sería verdaderamente nula si no se buscara bajo los auspicios de la religión y de la Iglesia. Y, estando principalmente en nuestras manos la defensa de la religión y la administración de aquellas cosas que están bajo la potestad de la Iglesia, Nos estimaríamos que, permaneciendo en silencio, faltábamos a nuestro deber. Sin duda que esta grave cuestión pide también la contribución y el esfuerzo de los demás; queremos decir de los gobernantes, de los señores y ricos, y, finalmente, de los mismos por quienes se lucha, de los proletarios; pero afirmamos, sin temor a equivocarnos, que serán inútiles y va-

nos los intentos de los hombres si se da de lado a la Iglesia. En efecto, es la Iglesia la que saca del Evangelio las enseñanzas en virtud de las cuales se puede resolver por completo el conflicto, o, limando sus asperezas, hacerlo más soportable; ella es la que trata no solo de instruir la inteligencia, sino también de encauzar la vida y las costumbres de cada uno con sus preceptos; ella es la que mejora la situación de los proletarios con muchas utilísimas instituciones; ella es la que quiere y desea ardientemente que los pensamientos y las fuerzas de todos los órdenes sociales se alíen con la finalidad de mirar por el bien de la causa obrera de la mejor manera posible, y estima que a tal fin deben orientarse, si bien con justicia y moderación, las mismas leyes y la autoridad del Estado.

13. Establézcase, por tanto, en primer lugar, que debe ser respetada la condición humana, que no se puede igualar en la sociedad civil lo alto con lo bajo. Los socialistas lo pretenden, es verdad, pero todo es vana tentativa contra la naturaleza de las cosas. Y hay por naturaleza entre los hombres muchas y grandes diferencias; no son iguales los talentos de todos, no la habilidad, ni la salud, ni lo son las fuerzas; y de

la inevitable diferencia de estas cosas brota espontáneamente la diferencia de fortuna. Todo esto en correlación perfecta con los usos y necesidades tanto de los particulares cuanto de la comunidad, pues que la vida en común precisa de aptitudes varias, de oficios diversos, al desempeño de los cuales se sienten impelidos los hombres, más que nada, por la diferente posición social de cada uno. Y por lo que hace al trabajo corporal, aun en el mismo estado de inocencia, jamás el hombre hubiera permanecido totalmente inactivo; mas lo que entonces hubiera deseado libremente la voluntad para deleite del espíritu, tuvo que soportarlo después necesariamente, y no sin molestias, para expiación de su pecado: «Maldita la tierra en tu trabajo; comerás de ella entre fatigas todos los días de tu vida». Y de igual modo, el fin de las demás adversidades no se dará en la tierra, porque los males consiguientes al pecado son ásperos, duros y difíciles de soportar y es preciso que acompañen al hombre hasta el último instante de su vida. Así, pues, sufrir y padecer es cosa humana, y para los hombres que lo experimenten todo y lo intenten todo, no habrá fuerza ni ingenio capaz de desterrar por completo estas incomodidades de la sociedad humana. Si algunos alardean de que pueden lograrlo, si prometen a las clases humildes una vida exenta de dolor y de calamidades, llena de constantes placeres, esos engañan indudablemente al pueblo y cometen un fraude que tarde o temprano acabará produciendo males mayores que los presentes. Lo mejor que puede hacerse es ver las cosas humanas como son y buscar al mismo tiempo por otros medios, según hemos dicho, el oportuno alivio de los males.

14. Es mal capital, en la cuestión que estamos tratando, suponer que una clase social sea espontáneamente enemiga de la otra, como si la naturaleza hubiera dispuesto a los ricos y a los pobres para combatirse mutuamente en un perpetuo duelo. Es esto tan ajeno a la razón y a la verdad, que, por el contrario, es lo más cierto que como en el cuerpo se ensamblan entre sí miembros diversos, de donde surge aquella proporcionada disposición que justamente podríase llamar armonía, así ha dispuesto la naturaleza que, en la sociedad humana, dichas clases gemelas concuerden armónicamente y se ajusten para lograr el equilibrio. Ambas se necesitan en absoluto: ni el capital puede subsistir sin el

trabajo, ni el trabajo sin el capital. El acuerdo engendra la belleza y el orden de las cosas; por el contrario, de la persistencia de la lucha tiene que derivarse necesariamente la confusión juntamente con un bárbaro salvajismo.

15.   Ahora bien: para acabar con la lucha y cortar hasta sus mismas raíces, es admirable y varia la fuerza de las doctrinas cristianas. En primer lugar, toda la doctrina de la religión cristiana, de la cual es intérprete y custodio la Iglesia, puede grandemente arreglar entre sí y unir a los ricos con los proletarios, es decir, llamando a ambas clases al cumplimiento de sus deberes respectivos y, ante todo, a los deberes de justicia. De esos deberes, los que corresponden a los proletarios y obreros son: cumplir íntegra y fielmente lo que por propia libertad y con arreglo a justicia se haya estipulado sobre el trabajo; no dañar en modo alguno al capital; no ofender a la persona de los patronos; abstenerse de toda violencia al defender sus derechos y no promover sediciones; no mezclarse con hombres depravados, que alientan pretensiones inmoderadas y se prometen artificiosamente grandes cosas, lo que lleva consigo arrepentimientos estériles y las consiguientes pérdidas de fortuna.

Y estos, los deberes de los ricos y patronos: no considerar a los obreros como esclavos; respetar en ellos, como es justo, la dignidad de la persona, sobre todo ennoblecida por lo que se llama el carácter cristiano. Que los trabajos remunerados, si se atiende a la naturaleza y a la filosofía cristiana, no son vergonzosos para el hombre, sino de mucha honra, en cuanto dan honesta posibilidad de ganarse la vida. Que lo realmente vergonzoso e inhumano es abusar de los hombres como de cosas de lucro y no estimarlos en más que cuanto sus nervios y músculos pueden dar de sí. E igualmente se manda que se tengan en cuenta las exigencias de la religión y los bienes de las almas de los proletarios. Por lo cual es obligación de los patronos disponer que el obrero tenga un espacio de tiempo idóneo para atender a la piedad, no exponer al hombre a los halagos de la corrupción y a las ocasiones de pecar y no apartarlo en modo alguno de sus atenciones domésticas y de la afición al ahorro. Tampoco debe imponérseles más trabajo del que puedan soportar sus fuerzas, ni de una clase que no esté conforme con su edad y su sexo. Pero entre los primordiales deberes de los patronos se destaca el de dar a cada uno lo que sea justo.

Cierto es que para establecer la medida del salario con justicia hay que considerar muchas razones; pero, generalmente, tengan presente los ricos y los patronos que oprimir para su lucro a los necesitados y a los desvalidos y buscar su ganancia en la pobreza ajena no lo permiten ni las leyes divinas ni las humanas. Y defraudar a alguien en el salario debido es un gran crimen, que llama a voces las iras vengadoras del cielo. «He aquí que el salario de los obreros... que fue defraudado por vosotros, clama; y el clamor de ellos ha llegado a los oídos del Dios de los ejércitos»[4].

Por último, han de evitar cuidadosamente los ricos perjudicar en lo más mínimo los intereses de los proletarios ni con violencias, ni con engaños, ni con artilugios usurarios; tanto más cuanto que no están suficientemente preparados contra la injusticia y el atropello, y, por eso mismo, mientras más débil sea su economía, tanto más debe considerarse sagrada.

16. ¿No bastaría por sí solo el sometimiento a estas leyes para atenuar la violencia y los motivos de discordia? Pero la Iglesia, con Cristo por

---

[4] Sant 5,4.

maestro y guía, persigue una meta más alta: o sea, preceptuando algo más perfecto, trata de unir una clase con la otra por la aproximación y la amistad. No podemos, indudablemente, comprender y estimar en su valor las cosas caducas si no es fijando el alma sus ojos en la vida inmortal de ultratumba, quitada la cual se vendría inmediatamente abajo toda especie y verdadera noción de lo honesto; más aún, todo este universo de cosas se convertiría en un misterio impenetrable a toda investigación humana. Pues lo que nos enseña de por sí la naturaleza, que solo habremos de vivir la verdadera vida cuando hayamos salido de este mundo, eso mismo es dogma cristiano y fundamento de la razón y de todo el ser de la religión. Pues que Dios no creó al hombre para estas cosas frágiles y perecederas, sino para las celestiales y eternas, dándonos la tierra como lugar de exilio y no de residencia permanente. Y, ya nades en la abundancia, ya carezcas de riquezas y de todo lo demás que llamamos bienes, nada importa eso para la felicidad eterna; lo verdaderamente importante es el modo como se usa de ellos.

Jesucristo no suprimió en modo alguno con su copiosa redención las tribulaciones diversas de que está tejida casi por completo la vida mortal, sino que hizo de ellas estímulo de virtudes y materia de merecimientos, hasta el punto de que ningún mortal podrá alcanzar los premios eternos si no sigue las huellas ensangrentadas de Cristo. Si «sufrimos, también reinaremos con Él»[5]. Tomando Él libremente sobre sí los trabajos y sufrimientos, mitigó notablemente la rudeza de los trabajos y sufrimientos nuestros; y no solo hizo más llevaderos los sufrimientos con su ejemplo, sino también con su gracia y con la esperanza del eterno galardón: «Porque lo que hay al presente de momentánea y leve tribulación nuestra, produce en nosotros una cantidad de gloria eterna de inconmensurable sublimidad»[6].

17. Así, pues, quedan avisados los ricos de que las riquezas no aportan consigo la exención del dolor, ni aprovechan nada para la felicidad eterna, sino que más bien la obstaculizan[7]; de que deben imponer temor a los ricos las tremendas amenazas de Jesucristo[8] y de que pron-

---

[5] 2Tim 2,12.
[6] 2Cor 4,17.
[7] Mt 19,23-24.
[8] Lc 6,24-25.

to o tarde se habrá de dar cuenta severísima al divino juez del uso de las riquezas.

Sobre el uso de las riquezas hay una doctrina excelente y de gran importancia, que, si bien fue iniciada por la filosofía, la Iglesia la ha enseñado también perfeccionada por completo y ha hecho que no se quede en puro conocimiento, sino que informe de hecho las costumbres. El fundamento de dicha doctrina consiste en distinguir entre la recta posesión del dinero y el recto uso del mismo. Poseer bienes en privado, según hemos dicho poco antes, es derecho natural del hombre, y usar de este derecho, sobre todo en la sociedad de la vida, no solo es lícito, sino incluso necesario en absoluto. «Es lícito que el hombre posea cosas propias. Y es necesario también para la vida humana»[9]. Y si se pregunta cuál es necesario que sea el uso de los bienes, la Iglesia responderá sin vacilación alguna: «En cuanto a esto, el hombre no debe considerar las cosas externas como propias, sino como comunes; es decir, de modo que las comparta fácilmente con otros en sus necesidades. De donde el Apóstol dice: "Manda a los ricos

---

[9] Santo Tomás de Aquino, *Suma de Teología*, II-II q. 66 a. 2.

de este siglo... que den, que compartan con facilidad"»[10].

A nadie se manda socorrer a los demás con lo necesario para sus usos personales o de los suyos; ni siquiera a dar a otro lo que él mismo necesita para conservar lo que convenga a la persona, a su decoro: «Nadie debe vivir de una manera inconveniente»[11]. Pero cuando se ha atendido suficientemente a la necesidad y al decoro, es un deber socorrer a los indigentes con lo que sobra. «Lo que sobra, dadlo de limosna»[12]. No son estos, sin embargo, deberes de justicia, salvo en los casos de necesidad extrema, sino de caridad cristiana, la cual, ciertamente, no hay derecho de exigirla por la ley. Pero antes que la ley y el juicio de los hombres están la ley y el juicio de Cristo Dios, que de modos diversos y suavemente aconseja la práctica de dar: «Es mejor dar que recibir»[13], y que juzgará la caridad hecha o negada a los pobres como hecha o negada a Él en persona: «Cuanto hicisteis a uno de estos hermanos míos más pequeños, a mí me lo hicisteis»[14].

---

[10] SANTO TOMÁS DE AQUINO, *Suma de Teología*, II-II q. 65 a. 2.
[11] SANTO TOMÁS DE AQUINO, *Suma de Teología*, II-II q. 32 a. 6.
[12] Lc 11,41.
[13] He 20,35.
[14] Mt 25,40.

Todo lo cual se resume en que todo el que ha recibido abundancia de bienes, sean estos del cuerpo y externos, sean del espíritu, los ha recibido para perfeccionamiento propio, y, al mismo tiempo, para que, como ministro de la Providencia divina, los emplee en beneficio de los demás. «Por lo tanto, el que tenga talento, que cuide mucho de no estarse callado; el que tenga abundancia de bienes, que no se deje entorpecer para la largueza de la misericordia; el que tenga un oficio con que se desenvuelve, que se afane en compartir su uso y su utilidad con el prójimo»[15].

18. Los que, por el contrario, carezcan de bienes de fortuna, aprendan de la Iglesia que la pobreza no es considerada como una deshonra ante el juicio de Dios y que no han de avergonzarse por el hecho de ganarse el sustento con su trabajo. Y esto lo confirmó realmente y de hecho Cristo, Señor nuestro, que por la salvación de los hombres se hizo pobre siendo rico[16]; y, siendo Hijo de Dios y Dios él mismo, quiso, con todo, aparecer y ser tenido por hijo de un artesano, ni rehusó pasar la mayor parte

---

[15] SAN GREGORIO MAGNO, *Sobre el Evangelio* hom. 9 n. 7.
[16] 2Cor 8,9.

de su vida en el trabajo manual. «¿No es acaso este el artesano, el hijo de María?»[17].

19. Contemplando lo divino de este ejemplo, se comprende más fácilmente que la verdadera dignidad y excelencia del hombre radica en lo moral, es decir, en la virtud; que la virtud es patrimonio común de todos los mortales, asequible por igual a altos y bajos, a ricos y pobres; y que el premio de la felicidad eterna no puede ser consecuencia de otra cosa que de las virtudes y de los méritos, sean estos de quienes fueren. Más aún, la misma voluntad de Dios parece más inclinada del lado de los afligidos, pues Jesucristo llama felices a los pobres, invita amantísimamente a que se acerquen a Él, fuente de consolación, todos los que sufren y lloran, y abraza con particular claridad a los más bajos y vejados por la injuria. Conociendo estas cosas, se baja fácilmente el ánimo hinchado de los ricos y se levanta el deprimido de los afligidos; unos se pliegan a la benevolencia, otros a la modestia. De este modo, el pasional alejamiento de la soberbia se hará más corto y se logrará sin dificultades que las voluntades de

---

[17] Mc 6,3.

una y otra clase, estrechadas amistosamente las manos, se unan también entre sí.

20. Para los cuales, sin embargo, si siguen los preceptos de Cristo, resultará poco la amistad y se unirán por el amor fraterno. Pues verán y comprenderán que todos los hombres han sido creados por el mismo Dios, Padre común; que todos tienden al mismo fin, que es el mismo Dios, el único que puede dar la felicidad perfecta y absoluta a los hombres y a los ángeles; que, además, todos han sido igualmente redimidos por el beneficio de Jesucristo y elevados a la dignidad de hijos de Dios, de modo que se sientan unidos, por parentesco fraternal, tanto entre sí como con Cristo, primogénito entre muchos hermanos. De igual manera que los bienes naturales, los dones de la gracia divina pertenecen en común y generalmente a todo el linaje humano, y nadie, a no ser que se haga indigno, será desheredado de los bienes celestiales: «Si hijos, pues, también herederos; herederos ciertamente de Dios y coherederos de Cristo»[18].

Tales son los deberes y derechos que la filosofía cristiana profesa. ¿No parece que aca-

---

[18] Rom 8,17.

baría por extinguirse bien pronto toda lucha allí donde ella entrara en vigor en la sociedad civil?

21. Finalmente, la Iglesia no considera bastante con indicar el camino para llegar a la curación, sino que aplica ella misma por su mano la medicina, pues que está dedicada por entero a instruir y enseñar a los hombres su doctrina, cuyos saludables raudales procura que se extiendan, con la mayor amplitud posible, por la obra de los obispos y del clero. Trata, además, de influir sobre los espíritus y de doblegar las voluntades, a fin de que se dejen regir y gobernar por la enseñanza de los preceptos divinos. Y en este aspecto, que es el principal y de gran importancia, pues que en él se halla la suma y la causa total de todos los bienes, es la Iglesia la única que tiene verdadero poder, ya que los instrumentos de que se sirve para mover los ánimos le fueron dados por Jesucristo y tienen en sí eficacia infundida por Dios. Son instrumentos de esta índole los únicos que pueden llegar eficazmente hasta las intimidades del corazón y lograr que el hombre se muestre obediente al deber, que modere los impulsos del alma ambiciosa, que ame a Dios

y al prójimo con singular y suma caridad y destruya animosamente cuanto obstaculice el sendero de la virtud.

Bastará en este orden con recordar brevemente los ejemplos de los antiguos. Recordamos cosas y hechos que no ofrecen duda alguna: que la sociedad humana fue renovada desde sus cimientos por las costumbres cristianas; que, en virtud de esta renovación, fue impulsado el género humano a cosas mejores; más aún, fue sacado de la muerte a la vida y colmado de una tan elevada perfección, que ni existió otra igual en tiempos anteriores ni podrá haberla mayor en el futuro. Finalmente, que Jesucristo es el principio y el fin mismo de estos beneficios y que, como de Él han procedido, a Él tendrán todos que referirse. Recibida la luz del Evangelio, habiendo conocido el orbe entero el gran misterio de la encarnación del Verbo y de la redención de los hombres, la vida de Jesucristo, Dios y hombre, penetró todas las naciones y las imbuyó a todas en su fe, en sus preceptos y en sus leyes. Por lo cual, si hay que curar a la sociedad humana, solo podrá curarla el retorno a la vida y a las costumbres cristianas, ya que, cuando se trata de restaurar las sociedades decadentes, hay que hacerlas volver a sus principios. Porque la perfección de toda sociedad está en buscar y conseguir aquello para lo que fue instituida, de modo que sea causa de los movimientos y actos sociales la misma causa que originó la sociedad. Por lo cual, apartarse de lo estatuido es corrupción, tornar a ello es curación. Y con toda verdad, lo mismo que respecto de todo el cuerpo de la sociedad humana, lo decimos de igual modo de esa clase de ciudadanos que se gana el sustento con el trabajo, que son la inmensa mayoría.

22. No se ha de pensar, sin embargo, que todos los desvelos de la Iglesia estén tan fijos en el cuidado de las almas, que se olvide de lo que atañe a la vida mortal y terrena. En relación con los proletarios concretamente, quiere y se esfuerza en que salgan de su misérrimo estado y logren una mejor situación. Y a ello contribuye con su aportación, no pequeña, llamando y guiando a los hombres hacia la virtud. Dado que, dondequiera que se observen íntegramente, las virtudes cristianas aportan una parte de la prosperidad a las cosas externas, en cuanto que aproximan a Dios, principio y fuente de todos los bienes; reprime esas dos plagas de la vida que hacen sumamente miserable al hom-

bre incluso cuando nada en la abundancia, como son el exceso de ambición y la sed de placeres[19]; en fin, contentos con un atuendo y una mesa frugal, suplen la renta con el ahorro, lejos de los vicios, que arruinan no solo las pequeñas, sino aun las grandes fortunas, y disipan los más cuantiosos patrimonios. Pero, además, provee directamente al bienestar de los proletarios, creando y fomentando lo que estima conducente a remediar su indigencia, habiéndose distinguido tanto en esta clase de beneficios, que se ha merecido las alabanzas de sus propios enemigos.

Tal era el vigor de la mutua caridad entre los cristianos primitivos, que frecuentemente los más ricos se desprendían de sus bienes para socorrer, «y no... había ningún necesitado entre ellos»[20]. A los diáconos, orden precisamente instituido para esto, fue encomendado por los apóstoles el cometido de llevar a cabo la misión de la beneficencia diaria; y Pablo Apóstol, aunque sobrecargado por la solicitud de todas las Iglesias, no dudó, sin embargo, en acometer penosos viajes para llevar en persona la colecta a los cristianos más pobres. A dichas

---

[19] *Radix omnium malorum est cupiditas* (1Tim 6,10).
[20] He 4,34.

colectas, realizadas espontáneamente por los cristianos en cada reunión, la llama Tertuliano «depósitos de piedad», porque se invertían «en alimentar y enterrar a los pobres, a los niños y niñas carentes de bienes y de padres, entre los sirvientes ancianos y entre los náufragos»[21]. De aquí fue poco a poco formándose aquel patrimonio que la Iglesia guardó con religioso cuidado, como herencia de los pobres. Más aún, proveyó de socorros a una muchedumbre de indigentes, librándolos de la vergüenza de pedir limosna. Pues como madre común de ricos y pobres, excitada la caridad por todas partes hasta un grado sumo, fundó congregaciones religiosas y otras muchas instituciones benéficas, con cuyas atenciones apenas hubo género de miseria que careciera de consuelo. Hoy, ciertamente, son muchos los que, como en otro tiempo hicieran los gentiles, se propasan a censurar a la Iglesia esta tan eximia caridad, en cuyo lugar se ha pretendido poner la beneficencia establecida por las leyes civiles. Pero no se encontrarán recursos humanos capaces de suplir la caridad cristiana, que se entrega toda entera a sí misma para utilidad de los demás.

---

[21] Tertuliano, *Apol.* 2,39.

Tal virtud es exclusiva de la Iglesia, porque, si no brotara del sacratísimo corazón de Jesucristo, jamás hubiera existido, pues anda errante lejos de Cristo el que se separa de la Iglesia.

Mas no puede caber duda que para lo propuesto se requieren también las ayudas que están en manos de los hombres. Absolutamente es necesario que todos aquellos a quienes interesa la cuestión tiendan a lo mismo y trabajen por ello en la parte que les corresponda. Lo cual tiene cierta semejanza con la providencia que gobierna al mundo, pues vemos que el éxito de las cosas proviene de la coordinación de las causas de las que dependen.

23. Queda ahora por investigar qué parte de ayuda puede esperarse del Estado. Entendemos aquí por Estado no el que de hecho tiene tal o cual pueblo, sino el que pide la recta razón de conformidad con la naturaleza, por un lado, y aprueba, por otro, las enseñanzas de la sabiduría divina, que Nos mismo hemos expuesto concretamente en la encíclica sobre la constitución cristiana de las naciones. Así, pues, los que gobiernan deben cooperar, primeramente y en términos generales, con toda la fuerza de las leyes e instituciones, esto es, haciendo que

de la ordenación y administración misma del Estado brote espontáneamente la prosperidad tanto de la sociedad como de los individuos, ya que este es el cometido de la política y el deber inexcusable de los gobernantes. Ahora bien: lo que más contribuye a la prosperidad de las naciones es la probidad de las costumbres, la recta y ordenada constitución de las familias, la observancia de la religión y de la justicia, las moderadas cargas públicas y su equitativa distribución, los progresos de la industria y del comercio, la floreciente agricultura y otros factores de esta índole, si quedan, los cuales, cuanto con mayor afán son impulsados, tanto mejor y más felizmente permitirán vivir a los ciudadanos. A través de estas cosas queda al alcance de los gobernantes beneficiar a los demás órdenes sociales y aliviar grandemente la situación de los proletarios, y esto en virtud del mejor derecho y sin la más leve sospecha de injerencia, ya que el Estado debe velar por el bien común como propia misión suya. Y cuanto mayor fuere la abundancia de medios procedentes de esta general providencia, tanto menor será la necesidad de probar caminos nuevos para el bienestar de los obreros.

24. Pero también ha de tenerse presente, punto que atañe más profundamente a la cuestión, que la naturaleza única de la sociedad es común a los de arriba y a los de abajo. Los proletarios, sin duda alguna, son por naturaleza tan ciudadanos como los ricos, es decir, partes verdaderas y vivientes que, a través de la familia, integran el cuerpo de la nación, sin añadir que en toda nación son inmensa mayoría. Por consiguiente, siendo absurdo en grado sumo atender a una parte de los ciudadanos y abandonar a la otra, se sigue que los desvelos públicos han de prestar los debidos cuidados a la salvación y al bienestar de la clase proletaria; y si tal no hace, violará la justicia, que manda dar a cada uno lo que es suyo. Sobre lo cual escribe sabiamente santo Tomás: «Así como la parte y el todo son, en cierto modo, la misma cosa, así lo que es del todo, en cierto modo, lo es de la parte»[22]. De ahí que entre los deberes, ni pocos ni leves, de los gobernantes que velan por el bien del pueblo, se destaca entre los primeros el de defender por igual a todas las clases sociales, observando inviolablemente la justicia llamada distributiva.

---

[22] SANTO TOMÁS DE AQUINO, *Suma de Teología*, II-II q. 61 a. l ad 2.

25. Mas, aunque todos los ciudadanos, sin excepción alguna, deban contribuir necesariamente a la totalidad del bien común, del cual deriva una parte no pequeña a los individuos, no todos, sin embargo, pueden aportar lo mismo ni en igual cantidad. Cualesquiera que sean las vicisitudes en las distintas formas de gobierno, siempre existirá en el estado de los ciudadanos aquella diferencia sin la cual no puede existir ni concebirse sociedad alguna. Es necesario en absoluto que haya quienes se dediquen a las funciones de gobierno, quienes legislen, quienes juzguen y, finalmente, quienes con su dictamen y autoridad administren los asuntos civiles y militares. Aportaciones de tales hombres que nadie dejará de ver que son principales y que ellos deben ser considerados como superiores en toda sociedad por el hecho de que contribuyen al bien común más de cerca y con más altas razones. Los que ejercen algún oficio, por el contrario, no aprovechan a la sociedad en el mismo grado y con las mismas funciones que aquellos, mas también ellos concurren al bien común de modo notable, aunque menos directamente. Y, teniendo que ser el bien común de naturaleza tal que los hombres, consiguiéndolo, se hagan mejores, debe colocarse principalmente en la

virtud. De todos modos, para la buena constitución de una nación es necesaria también la abundancia de los bienes del cuerpo y externos, «cuyo uso es necesario para que se actualice el acto de virtud»[23]. Y para la obtención de estos bienes es sumamente eficaz y necesario el trabajo de los proletarios, ya ejerzan sus habilidades y destreza en el cultivo del campo, ya en los talleres e industrias. Más aún: llega a tanto la eficacia y poder de los mismos en este orden de cosas, que es verdad incuestionable que la riqueza nacional proviene no de otra cosa que del trabajo de los obreros. La equidad exige, por consiguiente, que las autoridades públicas prodiguen sus cuidados al proletario para que este reciba algo de lo que aporta al bien común, como la casa, el vestido y el poder sobrellevar la vida con mayor facilidad. De donde se desprende que se habrán de fomentar todas aquellas cosas que de cualquier modo resulten favorables para los obreros. Cuidado que dista mucho de perjudicar a nadie, antes bien aprovechará a todos, ya que interesa mucho al Estado que no vivan en la miseria aquellos de quienes provienen unos bienes tan necesarios.

---

[23] Santo Tomás de Aquino, *De regimine principum*, 1 c. 15.

26. No es justo, según hemos dicho, que ni el individuo ni la familia sean absorbidos por el Estado; lo justo es dejar a cada uno la facultad de obrar con libertad hasta donde sea posible, sin daño del bien común y sin injuria de nadie. No obstante, los que gobiernan deberán atender a la defensa de la comunidad y de sus miembros. De la comunidad, porque la naturaleza confió su conservación a la suma potestad, hasta el punto que la custodia de la salud pública no es solo la suprema ley, sino la razón total del poder; de los miembros, porque la administración del Estado debe tender por naturaleza no a la utilidad de aquellos a quienes se ha confiado, sino de los que se le confían, como unánimemente afirman la filosofía y la fe cristiana. Y, puesto que el poder proviene de Dios y es una cierta participación del poder infinito, deberá aplicarse a la manera de la potestad divina, que vela con solicitud paternal no menos de los individuos que de la totalidad de las cosas. Si, por tanto, se ha producido o amenaza algún daño al bien común o a los intereses de cada una de las clases que no pueda subsanarse de otro modo, necesariamente deberá afrontarlo el poder público.

Ahora bien: interesa tanto a la salud pública cuanto a la privada que las cosas estén en paz y en orden; e igualmente que la totalidad del orden doméstico se rija conforme a los mandatos de Dios y a los preceptos de la naturaleza; que se respete y practique la religión; que florezca la integridad de las costumbres privadas y públicas; que se mantenga inviolada la justicia y que no atenten impunemente unos contra otros; que los ciudadanos crezcan robustos y aptos, si fuera preciso, para ayudar y defender a la patria. Por consiguiente, si alguna vez ocurre que algo amenaza entre el pueblo por tumultos de obreros o por huelgas; que se relajan entre los proletarios los lazos naturales de la familia; que se quebranta entre ellos la religión por no contar con la suficiente holgura para los deberes religiosos; si se plantea en los talleres el peligro para la pureza de las costumbres por la promiscuidad o por otros incentivos de pecado; si la clase patronal oprime a los obreros con cargas injustas o los veja imponiéndoles condiciones ofensivas para la persona y la dignidad humanas; si daña la salud con trabajo excesivo, impropio del sexo o de la edad, en todos estos casos deberá intervenir de lleno, dentro de ciertos límites, el vigor y la autoridad de las leyes. Límites determinados por la misma causa que reclama el auxilio de la ley, o sea, que las leyes no deberán abarcar ni ir más allá de lo que requieren el remedio de los males o la evitación del peligro.

27. Los derechos, sean de quien fueren, habrán de respetarse inviolablemente; y para que cada uno disfrute del suyo deberá proveer el poder civil, impidiendo o castigando las injurias. Solo que en la protección de los derechos individuales se habrá de mirar principalmente por los débiles y los pobres. La gente rica, protegida por sus propios recursos, necesita menos de la tutela pública; la clase humilde, por el contrario, carente de todo recurso, se confía principalmente al patrocinio del Estado. Este deberá, por consiguiente, rodear de singulares cuidados y providencia a los asalariados, que se cuentan entre la muchedumbre desvalida.

28. Pero quedan por tratar todavía detalladamente algunos puntos de mayor importancia. El principal es que debe asegurar las posesiones privadas con el imperio y fuerza de las leyes. Y principalísimamente deberá mantenerse a la plebe dentro de los límites del deber, en medio

de un tal desenfreno de ambiciones; porque, si bien se concede la aspiración a mejorar, sin que oponga reparos la justicia, sí veda esta, y tampoco autoriza la propia razón del bien común, quitar a otro lo que es suyo o, bajo capa de una pretendida igualdad, caer sobre las fortunas ajenas. Ciertamente, la mayor parte de los obreros prefieren mejorar mediante el trabajo honrado sin perjuicio de nadie; se cuenta, sin embargo, no pocos, imbuidos de perversas doctrinas y deseosos de revolución, que pretenden por todos los medios concitar a las turbas y lanzar a los demás a la violencia. Intervenga, por tanto, la autoridad del Estado y, frenando a los agitadores, aleje la corrupción de las costumbres de los obreros y el peligro de las rapiñas de los legítimos dueños.

29. El trabajo demasiado largo o pesado y la opinión de que el salario es poco dan pie con frecuencia a los obreros para entregarse a la huelga y al ocio voluntario. A este mal frecuente y grave se ha de poner remedio públicamente, pues esta clase de huelga perjudica no solo a los patronos y a los mismos obreros, sino también al comercio y a los intereses públicos; y como no escasean la violencia y los

tumultos, con frecuencia ponen en peligro la tranquilidad pública. En lo cual, lo más eficaz y saludable es anticiparse con la autoridad de las leyes e impedir que pueda brotar el mal, removiendo a tiempo las causas de donde parezca que habría de surgir el conflicto entre patronos y obreros.

30. De igual manera hay muchas cosas en el obrero que se han de tutelar con la protección del Estado, y, en primer lugar, los bienes del alma, puesto que la vida mortal, aunque buena y deseable, no es, con todo, el fin último para el que hemos sido creados, sino tan solo el camino y el instrumento para perfeccionar la vida del alma con el conocimiento de la verdad y el amor del bien. El alma es la que lleva impresa la imagen y semejanza de Dios, en la que reside aquel poder mediante el cual se mandó al hombre que dominara sobre las criaturas inferiores y sometiera a su beneficio a las tierras todas y los mares: «Llenad la tierra y sometedla, y dominad a los peces del mar y a las aves del cielo y a todos los animales que se mueven sobre la tierra»[24]. En esto son todos

---

[24] Gén 1,28.

los hombres iguales, y nada hay que determine diferencias entre los ricos y los pobres, entre los señores y los operarios, entre los gobernantes y los particulares, «pues uno mismo es el Señor de todos»[25]. A nadie le está permitido violar impunemente la dignidad humana, de la que Dios mismo dispone con gran reverencia; ni ponerle trabas en la marcha hacia su perfeccionamiento, que lleva a la sempiterna vida de los cielos. Más aún, ni siquiera por voluntad propia puede el hombre ser tratado, en este orden, de una manera inconveniente o someterse a una esclavitud de alma, pues no se trata de derechos de los que el hombre tenga pleno dominio, sino de deberes para con Dios, y que deben ser guardados puntualmente. De aquí se deduce la necesidad de interrumpir las obras y trabajos durante los días festivos. Nadie, sin embargo, deberá entenderlo como el disfrute de una más larga holganza inoperante, ni menos aún como una ociosidad, como muchos desean, engendradora de vicios y fomentadora de derroches de dinero, sino justamente del descanso consagrado por la religión. Unido con la religión, el descanso aparta al hombre de los trabajos y de

---

[25] Rom 10,12.

los problemas de la vida diaria, para atraerlo al pensamiento de las cosas celestiales y a rendir a la suprema divinidad el culto justo y debido. Este es, principalmente, el carácter, y esta es la causa del descanso de los días festivos, que Dios sancionó ya en el Antiguo Testamento con una ley especial: «Acuérdate de santificar el sábado»[26], enseñándolo, además, con el ejemplo de aquel arcano descanso después de haber creado al hombre: «Descansó el séptimo día de toda la obra que había realizado»[27].

31. Por lo que respecta a la tutela de los bienes del cuerpo y externos, lo primero que se ha de hacer es librar a los pobres obreros de la crueldad de los ambiciosos, que abusan de las personas sin moderación, como si fueran cosas para su medro personal. O sea, que ni la justicia ni la humanidad toleran la exigencia de un rendimiento tal, que el espíritu se embote por el exceso de trabajo y al mismo tiempo el cuerpo se rinda a la fatiga. Como todo en la naturaleza del hombre, su eficiencia se halla circunscrita a determinados límites, más allá de los cuales no se puede pasar. Cierto que se agu-

[26] Éx 20,8.
[27] Gén 2,2.

diza con el ejercicio y la práctica, pero siempre a condición de que el trabajo se interrumpa de cuando en cuando y se dé lugar al descanso.

Se ha de mirar por ello que la jornada diaria no se prolongue más horas de las que permitan las fuerzas. Ahora bien: cuánto deba ser el intervalo dedicado al descanso, lo determinarán la clase de trabajo, las circunstancias de tiempo y lugar y la condición misma de los operarios. La dureza del trabajo de los que se ocupan en sacar piedras en las canteras o en minas de hierro, cobre y otras cosas de esta índole, ha de ser compensada con la brevedad de la duración, pues requiere mucho más esfuerzo que otros y es peligroso para la salud.

Hay que tener en cuenta igualmente las épocas del año, pues ocurre con frecuencia que un trabajo fácilmente soportable en una estación es insufrible en otra o no puede realizarse sino con grandes dificultades. Finalmente, lo que puede hacer y soportar un hombre adulto y robusto no se le puede exigir a una mujer o a un niño. Y, en cuanto a los niños, se ha de evitar cuidadosamente y sobre todo que entren en talleres antes de que la edad haya dado el suficiente desarrollo a su cuerpo, a su inteligencia y a su alma. Puesto que la actividad precoz agosta, como a las hierbas tiernas, las fuerzas que brotan de la infancia, con lo que la constitución de la niñez vendría a destruirse por completo. Igualmente, hay oficios menos aptos para la mujer, nacida para las labores domésticas; labores estas que no solo protegen sobremanera el decoro femenino, sino que responden por naturaleza a la educación de los hijos y a la prosperidad de la familia. Establézcase en general que se dé a los obreros todo el reposo necesario para que recuperen las energías consumidas en el trabajo, puesto que el descanso debe restaurar las fuerzas gastadas por el uso. En todo contrato concluido entre patronos y obreros debe contenerse siempre esta condición expresa o tácita: que se provea a uno y otro tipo de descanso, pues no sería honesto pactar lo contrario, ya que a nadie es lícito exigir ni prometer el abandono de las obligaciones que el hombre tiene para con Dios o para consigo mismo.

32. Abordamos aquí un asunto de la mayor importancia, y que debe ser entendido rectamente para que no se peque por ninguna de las partes. A saber: que es establecida la cuantía del salario por libre consentimiento, y,

según eso, pagado el salario convenido, parece que el patrono ha cumplido por su parte y que nada más debe. Que procede injustamente el patrono solo cuando se niega a pagar el sueldo pactado, y el obrero solo cuando no rinde el trabajo que se estipuló; que en estos casos es justo que intervenga el poder político, pero nada más que para poner a salvo el derecho de cada uno. Un juez equitativo que atienda a la realidad de las cosas no asentirá fácilmente ni en su totalidad a esta argumentación, pues no es completa en todas sus partes; le falta algo de verdadera importancia.

Trabajar es ocuparse en hacer algo con el objeto de adquirir las cosas necesarias para los usos diversos de la vida y, sobre todo, para la propia conservación: «Te ganarás el pan con el sudor de tu frente»[28]. Luego el trabajo implica por naturaleza estas dos notas: que sea personal, en cuanto la energía que opera es inherente a la persona y propia en absoluto del que la ejerce y para cuya utilidad le ha sido dada, y que sea necesario, por cuanto el fruto de su trabajo le es necesario al hombre para la defensa de su vida, defensa a la que le obliga

---

[28] Gén 3,19.

la naturaleza misma de las cosas, a la que hay que plegarse por encima de todo. Pues bien: si se mira el trabajo exclusivamente en su aspecto personal, es indudable que el obrero es libre para pactar por toda retribución una cantidad corta; trabaja voluntariamente, y puede, por tanto, contentarse voluntariamente con una retribución exigua o nula. Mas hay que pensar de una manera muy distinta cuando, juntamente con el aspecto personal, se considera el necesario, separable solo conceptualmente del primero, pero no en la realidad. En efecto, conservarse en la vida es obligación común de todo individuo, y es criminoso incumplirla. De aquí la necesaria consecuencia del derecho a buscarse cuanto sirve al sustento de la vida, y la posibilidad de lograr esto se la da a cualquier pobre nada más que el sueldo ganado con su trabajo. Pase, pues, que obrero y patrono estén libremente de acuerdo sobre lo mismo, y concretamente sobre la cuantía del salario; queda, sin embargo, latente siempre algo de justicia natural superior y anterior a la libre voluntad de las partes contratantes, a saber: que el salario no debe ser en manera alguna insuficiente para alimentar a un obrero frugal y morigerado. Por tanto, si el obrero, obligado por la necesidad o acosado por el miedo de un mal mayor, acepta, aun no queriéndola, una condición más dura, porque la imponen el patrono o el empresario, esto es ciertamente soportar una violencia, contra la cual reclama la justicia. Sin embargo, en estas y otras cuestiones semejantes, como el número de horas de la jornada laboral en cada tipo de industria, así como las precauciones con que se haya de velar por la salud, especialmente en los lugares de trabajo, para evitar injerencias de la magistratura, sobre todo siendo tan diversas las circunstancias de cosas, tiempos y lugares, será mejor reservarlas al criterio de las asociaciones de que hablaremos después, o se buscará otro medio que salvaguarde, como es justo, los derechos de los obreros, interviniendo, si las circunstancias lo pidieren, la autoridad pública.

33. Si el obrero percibe un salario lo suficientemente amplio para sustentarse a sí mismo, a su mujer y a sus hijos, dado que sea prudente, se inclinará fácilmente al ahorro y hará lo que parece aconsejar la misma naturaleza: reducir gastos, al objeto de que quede algo con que ir constituyendo un pequeño patrimonio. Pues ya vimos que la cuestión que tratamos no puede

tener una solución eficaz si no es dando por sentado y aceptado que el derecho de propiedad debe considerarse inviolable. Por ello, las leyes deben favorecer este derecho y proveer, en la medida de lo posible, a que la mayor parte de la masa obrera tenga algo en propiedad. Con ello se obtendrían notables ventajas, y en primer lugar, sin duda alguna, una más equitativa distribución de las riquezas.

La violencia de las revoluciones civiles ha dividido a las naciones en dos clases de ciudadanos, abriendo un inmenso abismo entre una y otra. En un lado, la clase poderosa, por rica, que monopoliza la producción y el comercio, aprovechando en su propia comodidad y beneficio toda la potencia productiva de las riquezas, y goza de no poca influencia en la administración del Estado. En el otro, la multitud desamparada y débil, con el alma lacerada y dispuesta en todo momento al alboroto. Mas, si se llegara prudentemente a despertar el interés de las masas con la esperanza de adquirir algo vinculado con el suelo, poco a poco se iría aproximando una clase a la otra al ir cegándose el abismo entre las extremadas riquezas y la extremada indigencia. Habría, además, mayor abundancia de productos de la tierra. Los hombres, sabiendo que trabajan lo que es suyo, ponen mayor esmero y entusiasmo. Aprenden incluso a amar más a la tierra cultivada por sus propias manos, de la que esperan no solo el sustento, sino también una cierta holgura económica para sí y para los suyos. No hay nadie que deje de ver lo mucho que importa este entusiasmo de la voluntad para la abundancia de productos y para el incremento de las riquezas de la sociedad. De todo lo cual se originará otro tercer provecho, consistente en que los hombres sentirán fácilmente apego a la tierra en que han nacido y visto la primera luz, y no cambiarán su patria por una tierra extraña si la patria les da la posibilidad de vivir desahogadamente. Sin embargo, estas ventajas no podrán obtenerse sino con la condición de que la propiedad privada no se vea absorbida por la dureza de los tributos e impuestos. El derecho de poseer bienes en privado no ha sido dado por la ley, sino por la naturaleza, y, por tanto, la autoridad pública no puede abolirlo, sino solamente moderar su uso y compaginarlo con el bien común. Procedería, por consiguiente, de una manera injusta e inhumana si exigiera de los bienes privados más de lo que es justo bajo razón de tributos.

34. Finalmente, los mismos patronos y obreros pueden hacer mucho en esta cuestión, esto es, con esas instituciones mediante las cuales atender convenientemente a los necesitados y acercar más una clase a la otra. Entre las de su género deben citarse las sociedades de socorros mutuos; entidades diversas instituidas por la previsión de los particulares para proteger a los obreros, amparar a sus viudas e hijos en los imprevistos, enfermedades y cualquier accidente propio de las cosas humanas; los patronatos fundados para cuidar de los niños, niñas, jóvenes y ancianos. Pero el lugar prefe-rente lo ocupan las sociedades de obreros, que comprenden en sí todas las demás. Los gremios de artesanos reportaron durante mucho tiempo grandes beneficios a nuestros antepasados. En efecto, no solo trajeron grandes ventajas para los obreros, sino también a las artes mismas un desarrollo y esplendor atestiguado por numerosos monumentos. Es preciso que los gremios se adapten a las condiciones actuales de edad más culta, con costumbres nuevas y con más exigencias de vida cotidiana. Es grato encontrarse con que constantemente se están constituyendo asociaciones de este género, de obreros solamente o mixtas de las dos clases; es

de desear que crezcan en número y eficiencia. Y, aunque hemos hablado más de una vez de ellas, Nos sentimos agrado en manifestar aquí que son muy convenientes y que las asiste pleno derecho, así como hablar sobre su reglamentación y cometido.

35. La reconocida cortedad de las fuerzas humanas aconseja e impele al hombre a buscarse el apoyo de los demás. De las Sagradas Escrituras es esta sentencia: «Es mejor que estén dos que uno solo; tendrán la ventaja de la unión. Si el uno cae, será levantado por el otro. ¡Ay del que está solo, pues, si cae, no tendrá quien lo levante!»[29]. Y también esta otra: «El hermano, ayudado por su hermano, es como una ciudad fortificada»[30]. En virtud de esta propensión natural, el hombre, igual que es llevado a constituir la sociedad civil, busca la formación de otras sociedades entre ciudadanos, pequeñas e imperfectas, es verdad, pero de todos modos sociedades. Entre estas y la sociedad civil median grandes diferencias por causas diversas. El fin establecido para la sociedad civil alcanza a todos, en cuanto que

[29] Ecl 4,9-12.
[30] Prov 18,19.

persigue el bien común, del cual es justo que participen todos y cada uno según la proporción debida. Por esto, dicha sociedad recibe el nombre de pública, pues que mediante ella se unen los hombres entre sí para constituir un pueblo (o nación)[31]. Las que se forman, por el contrario, diríamos en su seno, se consideran y son sociedades privadas, ya que su finalidad inmediata es el bien privado de sus miembros exclusivamente. «Es sociedad privada, en cambio, la que se constituye con miras a algún negocio privado, como cuando dos o tres se asocian para comerciar unidos»[32].

Ahora bien: aunque las sociedades privadas se den dentro de la sociedad civil y sean como otras tantas partes suyas, hablando en términos generales y de por sí, no está en poder del Estado impedir su existencia, ya que el constituir sociedades privadas es derecho concedido al hombre por la ley natural, y la sociedad civil ha sido instituida para garantizar el derecho natural y no para conculcarlo; y, si prohibiera a los ciudadanos la constitución de sociedades, obraría en abierta pugna consigo misma, pues-

<hr />

[31] SANTO TOMÁS DE AQUINO, *Contra los que impugnan el culto de Dios y la religión*, c. 11.
[32] *Ib.*

to que tanto ella como las sociedades privadas nacen del mismo principio: que los hombres son sociables por naturaleza. Pero concurren a veces circunstancias en que es justo que las leyes se opongan a asociaciones de ese tipo; por ejemplo, si se pretendiera como finalidad algo que esté en clara oposición con la honradez, con la justicia o abiertamente dañe a la salud pública. En tales casos, el poder del Estado prohíbe, con justa razón, que se formen, y con igual derecho las disuelve cuando se han formado; pero habrá de proceder con toda cautela, no sea que viole los derechos de los ciudadanos o establezca, bajo apariencia de utilidad pública, algo que la razón no apruebe, ya que las leyes han de ser obedecidas solo en cuanto estén conformes con la recta razón y con la ley eterna de Dios[33].

36. Recordamos aquí las diversas corporaciones, congregaciones y órdenes religiosas instituidas por la autoridad de la Iglesia y la piadosa voluntad de los fieles; la historia habla

---

[33] «La ley humana en tanto tiene razón de ley en cuanto está conforme con la recta razón y, según esto, es manifiesto que se deriva de la ley eterna. Pero en cuanto se aparta de la razón, se llama ley inicua, y entonces no tiene razón de ley, sino más bien de una violencia» (SANTO TOMÁS DE AQUINO, *Suma de Teología*, I-II q. 13 a. 3).

muy alto de los grandes beneficios que reportaron siempre a la humanidad sociedades de esta índole, al juicio de la sola razón, puesto que, instituidas con una finalidad honesta, es evidente que se han constituido conforme a derecho natural y que en lo que tienen de religión están sometidas exclusivamente a la potestad de la Iglesia. Por consiguiente, las autoridades civiles no pueden arrogarse ningún derecho sobre ellas ni pueden en justicia alzarse con la administración de las mismas; antes bien, el Estado tiene el deber de respetarlas, conservarlas y, si se diera el caso, defenderlas de toda injuria. Lo cual, sin embargo, vemos que se hace muy al contrario, especialmente en los tiempos actuales: Son muchos los lugares en que los poderes públicos han violado comunidades de esta índole, y con múltiples injurias, ya asfixiándolas con el dogal de sus leyes civiles, ya despojándolas de su legítimo derecho de personas morales o despojándolas de sus bienes. Bienes en que tenía su derecho la Iglesia, el suyo cada uno de los miembros de tales comunidades, el suyo también quienes las habían consagrado a una determinada finalidad, y el suyo, finalmente, todos aquellos a cuya utilidad y consuelo habían sido destinadas. Nos no podemos menos de quejarnos, por todo ello, de estos expolios injustos y nocivos, tanto más cuanto que se prohíben las asociaciones de hombres católicos, por demás pacíficos y beneficiosos para todos los órdenes sociales, precisamente cuando se proclama la licitud ante la ley del derecho de asociación y se da, en cambio, esa facultad, ciertamente sin limitaciones, a hombres que agitan propósitos destructores juntamente de la religión y del Estado.

37. Efectivamente, el número de las más diversas asociaciones, principalmente de obreros, es en la actualidad mucho mayor que en otros tiempos. No es lugar indicado este para estudiar el origen de muchas de ellas, qué pretenden, qué camino siguen. Existe, no obstante, la opinión, confirmada por múltiples observaciones, de que en la mayor parte de los casos están dirigidas por jefes ocultos, los cuales imponen una disciplina no conforme con el nombre cristiano ni con la salud pública; acaparada la totalidad de las fuentes de producción, proceden de tal modo, que hacen pagar con la miseria a cuantos rehúsan asociarse con ellos. En este estado de cosas, los obreros cristianos

se ven ante la alternativa o de inscribirse en asociaciones de las que cabe temer peligros para la religión, o constituir entre sí sus propias sociedades, aunando de este modo sus energías para liberarse valientemente de esa injusta e insoportable opresión. ¿Qué duda cabe de que cuantos no quieran exponer a un peligro cierto el supremo bien del hombre habrán de optar sin vacilaciones por esta segunda postura?

38. Son dignos de encomio, ciertamente, muchos de los nuestros que, examinando concienzudamente lo que piden los tiempos, experimentan y ensayan los medios de mejorar a los obreros con oficios honestos. Tomado a pecho el patrocinio de los mismos, se afanan en aumentar su prosperidad tanto familiar como individual; de moderar igualmente, con la justicia, las relaciones entre obreros y patronos; de formar y robustecer en unos y otros la conciencia del deber y la observancia de los preceptos evangélicos, que, apartando al hombre de todo exceso, impiden que se rompan los límites de la moderación y defienden la armonía entre personas y cosas de tan distinta condición. Vemos por esta razón que con frecuencia se congregan en un mismo lugar hombres egregios para

comunicarse sus inquietudes, para coadunar sus fuerzas y para llevar a la realidad lo que se estime más conveniente. Otros se dedican a encuadrar en eficaces organizaciones a los obreros, ayudándolos de palabra y de hecho y procurando que no les falte un trabajo honesto y productivo. Suman su entusiasmo y prodigan su protección los obispos, y, bajo su autoridad y dependencia, otros muchos de ambos cleros cuidan celosamente del cultivo del espíritu en los asociados. Finalmente, no faltan católicos de copiosas fortunas que, uniéndose voluntariamente a los asalariados, se esfuerzan en fundar y propagar estas asociaciones con su generosa aportación económica, y con ayuda de las cuales pueden los obreros fácilmente procurarse no solo los bienes presentes, sino también asegurarse con su trabajo un honesto descanso futuro. Cuánto haya contribuido tan múltiple y entusiasta diligencia al bien común es demasiado conocido para que sea necesario repetirlo. De aquí que Nos podamos alentar sanas esperanzas para el futuro, siempre que estas asociaciones se incrementen de continuo y se organicen con prudente moderación. Proteja el Estado estas asociaciones de ciudadanos, unidos con pleno derecho; pero no se inmiscuya en su constitución interna ni en su régimen de vida; el movimiento vital es producido por un principio interno, y fácilmente se destruye con la injerencia del exterior.

39. Efectivamente, se necesita moderación y disciplina prudente para que se produzca el acuerdo y la unanimidad de voluntades en la acción. Por ello, si los ciudadanos tienen el libre derecho de asociarse, como así es en efecto, tienen igualmente el derecho de elegir libremente aquella organización y aquellas leyes que estimen más conducentes al fin que se han propuesto. Nos estimamos que no puede determinarse con reglas concretas y definidas cuál haya de ser en cada lugar la organización y las leyes de las sociedades a que aludimos, puesto que han de establecerse conforme a la índole de cada pueblo, a la experiencia y a las costumbres, a la clase y efectividad de los trabajos, al desarrollo del comercio y a otras circunstancias de cosas y de tiempos, que se han de sopesar con toda prudencia. En principio, se ha de establecer como ley general y perpetua que las asociaciones de obreros se han de constituir y gobernar de tal modo que proporcionen los medios más idóneos y convenientes

para el fin que se proponen, consistente en que cada miembro de la sociedad consiga, en la medida de lo posible, un aumento de los bienes del cuerpo, del alma y de la familia. Pero es evidente que se ha de tender, como fin principal, a la perfección de la piedad y de las costumbres, y asimismo que a este fin habrá de encaminarse toda la disciplina social. De lo contrario, degeneraría y no aventajarían mucho a ese tipo de asociaciones en que no suele contar para nada ninguna razón religiosa. Por lo demás, ¿de qué le serviría al obrero haber conseguido, a través de la asociación, abundancia de cosas, si peligra la salvación de su alma por falta del alimento adecuado? «¿Qué aprovecha al hombre conquistar el mundo entero si pierde su alma?»[34]. Cristo, nuestro Señor, enseña que la nota característica por la cual se distinga a un cristiano de un gentil debe ser esa precisamente: «Eso lo buscan todas las gentes... Vosotros buscad primero el reino de Dios y su justicia, y todo lo demás se os dará por añadidura»[35].

Aceptados, pues, los principios divinos, désele un gran valor a la instrucción religiosa, de

---

[34] Mt 16,26.
[35] Mt 6,32-33.

modo que cada uno conozca sus obligaciones para con Dios; que sepa lo que ha de creer, lo que ha de esperar y lo que ha de hacer para su salvación eterna; y se ha de cuidar celosamente de fortalecerlos contra los errores de ciertas opiniones y contra las diversas corruptelas del vicio. Ínstese, incítese a los obreros al culto de Dios y a la afición a la piedad; sobre todo a velar por el cumplimiento de la obligación de los días festivos. Que aprendan a amar y reverenciar a la Iglesia, madre común de todos, e igualmente a cumplir sus preceptos y frecuentar los sacramentos, que son los instrumentos divinos de purificación y santificación.

40. Puesto el fundamento de las leyes sociales en la religión, el camino queda expedito para establecer las mutuas relaciones entre los asociados, para llegar a sociedades pacíficas y a un floreciente bienestar. Los cargos en las asociaciones se otorgarán en conformidad con los intereses comunes, de tal modo que la disparidad de criterios no reste unanimidad a las resoluciones. Interesa mucho para este fin distribuir las cargas con prudencia y determinarlas con claridad para no quebrantar derechos de nadie. Lo común debe administrarse con toda

integridad, de modo que la cuantía del socorro esté determinada por la necesidad de cada uno; que los derechos y deberes de los patronos se conjuguen armónicamente con los derechos y deberes de los obreros. Si alguna de las clases estima que se perjudica en algo su derecho, nada es más de desear como que se designe a varones prudentes e íntegros de la misma corporación, mediante cuyo arbitrio las mismas leyes sociales manden que se resuelva la lid. También se ha de proveer diligentemente que en ningún momento falte al obrero abundancia de trabajo y que se establezca una aportación con que poder subvenir a las necesidades de cada uno, tanto en los casos de accidentes fortuitos de la industria cuanto en la enfermedad, en la vejez y en cualquier infortunio. Con estos principios, con tal de que se los acepte de buena voluntad, se habrá provisto bastante para el bienestar y la tutela de los débiles, y las asociaciones católicas serán consideradas de no pequeña importancia para la prosperidad de las naciones.

Por los eventos pasados prevemos sin temeridad los futuros. Las edades se suceden unas a otras, pero la semejanza de sus hechos es admirable, ya que se rigen por la providencia de

Dios, que gobierna y encauza la continuidad y sucesión de las cosas a la finalidad que se propuso al crear el humano linaje. Sabemos que se consideraba ominoso para los cristianos de la Iglesia naciente el que la mayor parte viviera de limosnas o del trabajo. Pero, desprovistos de riquezas y de poder, lograron, no obstante, ganarse plenamente la simpatía de los ricos y se atrajeron el valimiento de los poderosos. Podía vérseles diligentes, laboriosos, pacíficos, firmes en el ejemplo de la caridad. Ante un espectáculo tal de vida y costumbres, se desvaneció todo prejuicio, se calló la maledicencia de los malvados y las ficciones de la antigua idolatría cedieron poco a poco ante la doctrina cristiana.

Actualmente se discute sobre la situación de los obreros; interesa sobremanera al Estado que la polémica se resuelva conforme a la razón o no. Pero se resolverá fácilmente conforme a la razón por los obreros cristianos si, asociados y bajo la dirección de jefes prudentes, emprenden el mismo camino que siguieron nuestros padres y mayores, con singular beneficio suyo y público. Pues, aun siendo grande en el hombre el influjo de los prejuicios y de las pasiones, a no ser que la mala voluntad haya embotado el sentido de lo honesto, la benevolencia de los ciudadanos se mostrará indudablemente más inclinada hacia los que vean más trabajadores y modestos, los cuales consta que anteponen la justicia al lucro y el cumplimiento del deber a toda otra razón. De lo que se seguirá, además, otra ventaja: que se dará una esperanza y una oportunidad de enmienda no pequeña a aquellos obreros que viven en el más completo abandono de la fe cristiana o siguiendo unas costumbres ajenas a la profesión de la misma. Estos, indudablemente, se dan cuenta con frecuencia de que han sido engañados por una falsa esperanza o por la fingida apariencia de las cosas. Pues ven que han sido tratados inhumanamente por patronos ambiciosos y que apenas se los ha considerado en más que el beneficio que reportaban con su trabajo; e igualmente, de que en las sociedades a que se habían adscrito, en vez de caridad y amor, lo que había eran discordias internas, compañeras inseparables de la pobreza petulante e incrédula. Decaído el ánimo, extenuado el cuerpo, muchos querrían verse libres de una tan vil esclavitud, pero no se atreven o por vergüenza o por miedo a la miseria. Ahora bien: a todos estos podrían beneficiar de una manera admirable las asociaciones católicas si atrajeran a su seno a los que fluctúan, allanando las dificultades; si acogieran bajo su protección a los que vuelven a la fe.

41. Tenéis ahí, venerables hermanos, quiénes y de qué manera han de laborar en esta cuestión tan difícil. Que se ciña cada cual a la parte que le corresponde, y con presteza suma, no sea que un mal de tanta magnitud se haga incurable por la demora del remedio. Apliquen la providencia de las leyes y de las instituciones los que gobiernan las naciones; recuerden sus deberes los ricos y patronos; esfuércense razonablemente los proletarios, de cuya causa se trata; y, como dijimos al principio, puesto que la religión es la única que puede curar radicalmente el mal, todos deben laborar para que se restauren las costumbres cristianas, sin las cuales, aun las mismas medidas de prudencia que se estiman adecuadas, servirían muy poco en orden a la solución.

Por lo que respecta a la Iglesia, nunca ni bajo ningún aspecto regateará su esfuerzo, prestando una ayuda tanto mayor cuanto mayor sea la libertad con que cuente en su acción; y tomen nota especialmente de esto los que tienen a su cargo velar por la salud pública. Canalicen hacia esto todas las fuerzas del espíritu y su competencia los ministros sagrados y, precedidos por vosotros, venerables hermanos, con vuestra autoridad y vuestro ejemplo, no cesen de inculcar en todos los hombres de cualquier clase social las máximas de vida tomadas del Evangelio; que luchen con todas las fuerzas a su alcance por la salvación de los pueblos y que, sobre todo, se afanen por conservar en sí mismos e inculcar en los demás, desde los más altos hasta los más humildes, la caridad, señora y reina de todas las virtudes. Ya que la ansiada solución se ha de esperar principalmente de una gran efusión de la caridad, de la caridad cristiana entendemos, que compendia en sí toda la ley del Evangelio, y que, dispuesta en todo momento a entregarse por el bien de los demás, es el antídoto más seguro contra la insolvencia y el egoísmo del mundo, y cuyos rasgos y grados divinos expresó el apóstol san Pablo en estas palabras: «La caridad es paciente, es benigna, no se aferra a lo que es suyo; lo sufre todo, lo soporta todo»[36].

---

[36] 1Cor 13,4-7.

42. En prenda de los dones divinos y en testimonio de nuestra benevolencia, a cada uno de vosotros, venerables hermanos, y a vuestro clero y pueblo, amantísimamente en el Señor os impartimos la bendición apostólica.

Dada en Roma, junto a San Pedro, el 15 de mayo de 1891, año decimocuarto de nuestro pontificado.